AF218665

VOCES

COLECCIÓN LITERATURA

DIRECTOR DE LA COLECCIÓN
Juan Montero Delgado

SECRETARIOS DE REDACCIÓN
Jaime Galbarro García
Ezequiel Moreno Escamilla

CONSEJO DE REDACCIÓN
Areta Marigó, Gema. Universidad de Sevilla
Delgado Pérez, María Mercedes. Universidad de Sevilla
Maldonado Alemán, Manuel. Universidad de Sevilla
Martos Fernández, Juan. Universidad de Sevilla
Molina Castillo, Luis Fernando. Universidad de Sevilla
Montero Delgado, Juan. Universidad de Sevilla
Pajón Leyra, Irene. Universidad de Sevilla
Pérez Pérez, María Concepción. Universidad de Sevilla
Prieto Pablos, Juan Antonio. Universidad de Sevilla
Utrera Torremocha, María Victoria. Universidad de Sevilla

COMITÉ CIENTÍFICO
Avramovici, Jean-Christophe. Université Paris-Sorbonne
Calvo Rigual, Cesáreo. Universidad de Valencia
Carriedo López, Lourdes. Universidad Complutense
Costa, Virgilio. Universidad Tor Vergata (Roma)
Galván, Fernando. Universidad de Alcalá de Henares
Gargano, Antonio. Università degli Studi di Napoli Federico II
Gibert, Teresa. Universidad Nacional de Educación a Distancia
Gil Fernández, Juan. Real Academia Española
Gómez Camarero, Carmen. Universidad de Málaga
Gualandri, Isabella. Università degli Studi di Milano
Marello, Carla. Università degli Studi di Torino
Marx, Friedhelm. Otto-Friedrich-Universität Bamberg
Pérez Jiménez, Aurelio. Universidad de Málaga
Puig Montada, Josep. Universidad Complutense
Siguán, Marisa. Universidad de Barcelona
Valis, Noël. Yale University

VOCES
Jan Polkowski

Traducción de los poemas
Xavier Farré Vidal

Fotografías de Maria Gąsecka
Traducción del prefacio Ángel Zuazo López
Redacción de Emilia Dowgiało Sánchez

LITERATURA
EDITORIAL UNIVERSIDAD DE SEVILLA

Sevilla 2025

LITERATURA

Nº 178

EDITORIAL UNIVERSIDAD DE SEVILLA

COMITÉ EDITORIAL

Araceli López Serena (Directora de la Editorial Universidad de Sevilla)

Elena Leal Abad (Subdirectora)

Concepción Barrero Rodríguez

Rafael Fernández Chacón

María Gracia García Martín

María del Pópulo Pablo-Romero Gil-Delgado

Manuel Padilla Cruz

Marta Palenque

María Eugenia Petit-Breuilh Sepúlveda

Marina Ramos Serrano

José-Leonardo Ruiz Sánchez

Antonio Tejedor Cabrera

Primera edición: 2025

Título original: *Głosy*
Año edición original: 2012
Traducción del polaco: Xavier Farré Vidal
Fotografías: Maria Gąsecka
Prefacio: Józef Maria Ruszar
Traducción del prefacio: Ángel Zuazo López
Redacción: Emilia Dowgiało Sánchez

DL: SE-1495-2025
ISBN: 978-84-472-2642-9

Impreso en papel ecológico.
Maquetación: Cuadratín Estudio
Impresión: Podiprint

ÍNDICE

VOCES - LA ANTÍGONA DE LA COSTA BÁLTICA

Józef Maria Ruszar
Instytut Literatury
Akademia Ignatianum Cracovia

El ciclo *Voces* de Jan Polkowski no tiene prácticamente ningún equivalente en la literatura polaca ni tampoco en la literatura mundial. No solo estamos en presencia de un volumen poético, sino de una colección coherente y temáticamente unificada: es un ciclo de dieciocho poemas dedicados a las víctimas de la masacre de la Costa Báltica en 1970.

1. La aniquilación del poeta

La técnica lírica de Jan Polkowski, que permite meterse en la piel de otra persona y hablar desde el interior de los protagonistas, se manifestó con mayor plenitud en el volumen *Voces*, construido a partir de las declaraciones de las víctimas vivas y muertas de diciembre de 1970. Los poemas, escritos 40 años después de la masacre, transmiten conmovedoramente no tanto el sufrimiento de los asesinados como el de sus familiares: madres, padres, hermanos o hijos, quienes se quedan solos con su ausencia, con la dolorosa ausencia de sus seres queridos. Aquí el sufrimiento no solo es omnipresente, sino sobre todo es duradero, persistente y no encuentra consuelo al paso de la vida cotidiana. Al contrario de lo que dice el proverbio, el tiempo no cura las heridas.

Desde un punto de vista puramente técnico el registro de la inexistencia es lo más difícil, porque una poética elegida adecuadamente tiene que presentar la nada, el vacío concreto representado por sentimientos desacondicionados, gestos ausentes, sombras de un viejo amor, es decir, experimentar la ausencia inexpresable, pero persistente, la falta –la pérdida física y psicológica–. En otras palabras: hay que encontrar una forma convincente para la empatía, para que no sea solo una experiencia personal del poeta, sino para que se convierta en parte de nosotros. El poeta –inspirado en diversas tradiciones de la literatura euroamericana que se analizarán por separado– utilizó varios modelos de expresión literaria, como el epigrama y el monólogo dramático, para crear una aleación única que arroja un relato conmovedor sobre el sufrimiento.

Voces de Jan Polkowski constituye, ante todo, una tragedia familiar tan poderosa, tan conmovedora, que solo a duras penas me atrevo a escribir sobre estos poemas. Me conmueven demasiado como para poder guardar con facilidad la distancia histórico-literaria, analizar su estilo y su estrategia en la construcción de las tensiones poéticas. ¿Cuál es la piedra angular de la grandeza de *Voces*? La personificación y el tema. El poeta se apartó hacia las sombras, entregándose a sus personajes como para no estar presente, para desaparecer en sus cuerpos torturados y sus almas maltrechas. ¡El repliegue, el ocultamiento detrás de sus personajes es tan grande que ni siquiera aparece en la portada de la edición polaca el nombre del autor! La sugerencia gráfica es rotunda: son «otros» los que hablan, yo solo soy el médium. Estas son «sus» declaraciones, y yo solo soy el intermediario. Esta modestia literaria y sobriedad autoral se acentuó en sus declaraciones públicas: Jan Polkowski argumentó en los encuentros de autores que había «oído» estos poemas. Se trata de un concepto muy romántico de la poesía y que hoy despierta más bien incredulidad (la poesía es, a fin de cuentas, «taller en el lenguaje», como se dice hoy en día), pero hay que admitir que es coherente con la tendencia general en la poesía *La hora amarga* de su autoría. También se podría concluir que estamos ante un manifiesto poético sobre la poesía del destino humano, la cual se erige en su defensa, o –como de forma diferente enfoca el problema Wojciech Ligęza (2017: 368)– es una poesía lamentosa.

Aún sobre la ética y la poética, en *Ética de la Solidaridad* el padre Józef Tischner (1981), explicó la solidaridad con imágenes y palabras tomadas del Evangelio: «Llevad los unos las cargas de los otros»[1]. En este sentido, al aliviar a las víctimas de la expresión de su dolor, el poeta encarnó la idea de la solidaridad: asumió la carga del otro; y en términos de tradición poética, actuó como el coro de Antígona. *Voces* son Antígona desdoblada en madre, hermana, novia, esposa, hermano, padre, hijo –personas amadas, marcadas por la memoria y el dolor de la pérdida–, dolor dirigido contra el mundo e incluso contra los muertos, no solo contra los torturadores. El carácter fragmentario sobre el conocimiento de los que murieron y de los vivos que se marchitan en el dolor, refleja la percepción imperfecta del alma dolorida que es demasiado pequeña para dar cabida a tanto dolor. Una cosa es una tragedia social o política, y otra el fracaso personal, la aguda penuria, convocada incesantemente y cada vez desde una perspectiva diferente.

2. La aniquilación de la historia

La historia social abunda en acontecimientos, y este nombre indica su temporalidad, transitoriedad y deslizamiento hacia la «historicidad». Entretanto, la historia personal no quiere convertirse en «historia»,

---

[1] Paráfrasis formulada en el Nuevo Testamento: «Llevad los unos las cargas de los otros y cumplid así la ley de Cristo» (Gal 6:2). Las traducciones de las citas son del traductor, si no se indica lo contrario.

sino que es un presente incesante y, por lo tanto, en términos humanos, una «eternidad». La imposibilidad de liberarse del dolor es una de las razones fundamentales por las que los personajes de este volumen guardan rencor al mundo y a la gente. Además, no siempre los rencores se dirigen a los torturadores, sino a veces incluso a las víctimas, lo que suena aún mucho más trágico, como en el poema *** *Padre querido, te odiaba terriblemente [¿Hijo? (¿1960-?)]*:

Padre querido, te odiaba terriblemente
porque tú no estabas y el resto del mundo estaba.
Seguramente también porque nos acuciaba la miseria.
Nos ayudó nuestro tío, la parroquia, los vecinos.
Cuando crecí recogía botellas, trapos y chatarra.
Comíamos gachas, sémola, patatas,
patatas, patatas. Te odiaba
porque estabas en otro sitio y no te ocupabas de nosotros[2].

He aquí el tono más inesperado de esta fuga de sufrimiento que es la colección *Voces*. Es terrible. Nos volvemos indefensos ante semejante experiencia. Aparentemente la pobreza mortificante y humillante de tantos años es importante, pero la ausencia es lo más doloroso: ¡todo el mundo está ahí, y el padre no está! Esta es la verdadera dimensión de la tragedia. Solo la recitación del poema trae la esperanza de la comprensión:

Cuando se enfriaba el odio miraba a mamá
que cuando no lloraba, lloraba aún más.
Entonces volvía el odio y era más fácil continuar.
Pensaba que habías muerto porque no querías
arrastrar grandes pesos a contracorriente
de las grandes palabras y para librarte de ellas
dejaste que te dispararan en el corazón.

---

[2] Traducción de los poemas Xavier Farré Vidal.

¿O tal vez no fuiste un simple cobarde?
Polonia. No sé como hablar de ella.
La vi en los ojos secos de mi hermanita
y en la espalda de mamá estremecida por un cambio
repentino del futuro. En diciembre lo abandoné todo,
imprimí folletos y después me encerraron por un tiempo.
Ahora soy techador,
construyo techos para la gente.
Desde ya hace unos años, aunque con no mucha frecuencia,
voy a verte al cementerio.

Por lo demás, incluso el vocativo no deja dudas de que se trata de un grito de amor y desesperación. Las inexistentes relaciones hijo-padre y, sin embargo, imposibles de eliminar, abundan en otras paradojas, como en el poema *** *No sé qué es ser huérfano [¿Hijo? (¿1957-?)]*:

No sé qué es ser huérfano. Madre, hermana,
dos hermanos; tenía catorce años
cuando me convertí en padre para mí y mi familia.

Estamos en presencia de una sucinta historia sobre la necesidad de llenar el vacío en la constelación familiar, en la adolescencia acelerada, en la adultez privada de la infancia, que se traduce en dureza de carácter, en fiereza en la lucha contra el destino. De ahí el final metafórico, la visión de un mundo infernal en el que el protagonista decide no sucumbir ante las adversidades de la vida y, por así decirlo, se promete a sí mismo perseverar:

El mar golpea en los polos. El sol crece en las fuentes.
Personas hechas de sal empapada corren inmóviles.
El fuego las persigue en los callejones, cierra las calientes bocas.
Estoy ante un agua podrida, en un muelle
sucio. No me dejaré ya derribar
por nadie, nunca.

¿De qué hablan las víctimas? ¿De qué se quejan? De la ausencia, de la imposible realización del amor; porque no hay ni habrá nunca ninguna experiencia de ternura paterna o de amor filial, porque el sueño de «sentarse en la arena»[3] un rato o de vivir cualquier momento juntos, incluso el más banal, no se hará realidad. La ausencia de la vida normal, y no la de algunos sueños o aventuras extraordinarias, resulta ser la mayor pérdida. ¿Quién puede recompensar la maternidad inexistente? ¿Quién puede premiar la falta de un padre? ¿La partida del ser amado? ¿La muerte de un hijo?

Paradójicamente, como en la lírica en la que un niño de catorce años tiene que crecer de repente, los personajes hacen gala de una extraordinaria valentía forzada. Aquí la madre del asesinado tiene que vivir de alguna manera y no puede permitirse momentos de debilidad, porque su marido también ha muerto. Se queda sola con un sartal de vástagos, por lo que tiene que ser «dura» y no «pensar» en la muerte de su hijo para no perder fuerzas. De ahí su «examen de conciencia» y sus injustificadas «disculpas» que, con su paradójica superfluidad, golpean al lector sensible:

Confío que no me lo tomes a mal. Aparte de ti he tenido
tres más. Adaś, un poco sorprendido de su existencia;
Józio, avispado como nadie hasta ahora en nuestra familia
y Asia, la prueba silenciosa de la existencia del bien.
Padre se apagó pronto y desde entonces yo, en penumbra, ya
no me recuperé. Trabajar, hacer cola, cocinar, descoser y coser
prendas. De los adultos para los niños, de los mayores para los
    pequeños.
Tenía la impresión de que nunca me dormiría, que solo me
    entumecía
con la plancha, la aguja y el dedal, con la masa para hacer pasta
amasada con un trozo de corazón. Quería morirme

---

[3] Tal sueño en el poema *** *Corto movimiento del aire tras tu gesto descuidado* [*¿Padre? (¿1924-2003?)*].

de la vergüenza de vivir. De inflexible amor y de miedo
ante tu sombra proyectada sin orden. Ahora ya llego
a los ochenta, sería hora de que me perdonaras. Fui yo
quien con mi propio cuerpo alimenté esa infinita sucesión
de días desamparados. Y lo sé, cada uno de ellos te volvía a matar,
hijo[4].

A pesar de que los últimos doscientos años de la historia de Polonia son la historia de mujeres valientes que crían a los hijos de sus maridos muertos en la batalla, el tema de este volumen son las tragedias humanas individuales, no el drama de la apostasía nacional ni la insolencia pública de unos asesinos que nunca han respondido por el asesinato de civiles (y que han sido convertidos en «hombres de honor» por la maldad de los políticos). La historia, sobre todo la que se escribe con mayúscula, en realidad se aniquiló y quedó una sola persona con su sufrimiento personal. Se trata de un caso extremadamente raro y casi ausente en la literatura polaca debido a sus tradiciones tirteanas[5]; después de todo en la literatura polaca los individuos mueren, ¡pero como ciudadanos! Por lo tanto, son –como los héroes de Homero– miembros de la *polis*. El paradigma romántico aún continúa en la poesía de la Ley Marcial, por mencionar el poema y el volumen intitulado *Informe de una ciudad sitiada*. Mientras tanto, como escribe Wojciech Ligęza (2017: 368), Jan Polkowski hace justicia a la existencia única:

La historiografía suele guardar silencio acerca de la destrucción del universo doméstico, acerca de la ruina de la vida familiar y acerca de los traumas individuales que no se pueden borrar, mientras que las estadísticas proporcionan cifras que se desprenden de las vidas humanas

---

4 *** *Confío que no me lo tomes a mal* [¿*Madre*? (¿*1928-2009?*)].

5 N. del T. Poesía tirteana: tipo de poesía patriótica, que llama a la lucha para defender la independencia, despertando el deseo de defender la patria y el odio al enemigo. Su nombre deriva del nombre del poeta espartano Tirteo, autor de muchos poemas que animaban a la gente a luchar.

reales. Es una poesía que se abre a los dramas de los individuos, y aunque hay que subrayarlo: los retornos a los malos momentos históricos no son nada frecuentes en el arte actual.

Estos dos elementos –la encarnación del autor en sus personajes y la negación de la historia en favor de la existencia individual– son los que hacen que esta colección sea única en la obra de Jan Polkowski y los que otorgan a este volumen su posición distintiva en la historia de la literatura polaca contemporánea. Esto se muestra claramente en la lírica *** *La sagrada forma, Nochebuena, Madre con vestido de ceniza* [*¿Hermano? (¿1958-?)*]:

La sagrada forma, Nochebuena, mamá con un vestido ceniciento
pone, tal como manda la costumbre, otro plato
ante una silla vacía. Mira fijamente a través nuestro
y del tembloroso viento, de la sopa de remolacha, del pescado
y del heno, de las ramas del abeto, de la pared cubierta de hielo
mira la carretera de piedra blanca y a una figura inclinada
que cae bajo el peso de una traición inevitable.

Fijémonos en la palabra «traición» en el sonido final del poema. Es apenas una alusión a las circunstancias históricas, como los disparos del ejército contra sus propios ciudadanos desarmados y la decisión de las autoridades antipolacas. La propia imaginería no va más allá de las situaciones domésticas, familiares y festivas. Incluso la referencia a la tradición polaca de Nochebuena de montar un plato adicional no lo es o no tiene por qué tener en el subtexto la fecha de la masacre de la Costa Báltica, pues, aunque la gente murió el 17 de diciembre, la escena del poema pudiera ser muchos años más tarde. Incluso seguro que lo es si se toman en consideración la tranquilidad de los presentes y el énfasis en que se trata de la «costumbre». Jan Polkowski, al recordar la ceremonia banalizada en el contexto de la ausencia de un miembro de la familia del asesinado, eleva con sutileza la temperatura del discurso sin subir la voz, sino acallándola. Zbigniew Herbert utilizó magistralmente este recurso de «enfriar» el lenguaje para describir situaciones sumamente emocionales. Un contexto adicional, algo oculto en el fondo, es el hecho de que «como manda la costumbre» este plato adicional se reserva para un «extraño», para un «invitado inesperado», pero en realidad es para Dios que busca refugio, como recuerdo de la falta de hospitalidad en Belén. No es el primero, ni será el último ejemplo de cambio de las categorías históricas por las éticas y las existenciales, o en este caso, las religiosas.

Las alusiones a la realidad política e histórica son extraordinariamente escasas y poco detalladas. No se dan los nombres de los responsables de la masacre. De hecho, una persona que no conoce la historia no sabe a quién se refiere cuando una de las madres dice:

Mi sobrina me dice *sé que te han matado a tu hijo.*
Se ha terminado y perdura tan solo en tu pobre cabeza.
Sé que te irrita ese general, en la gloria de los héroes,
pero escupe sobre él[6].

Desde la óptica de la historia nacional y de la historia de la literatura polaca, estos 18 poemas –un modesto volumen poético por su tamaño, por así decirlo– son un escándalo. Jan Polkowski aniquila la historia, especialmente esa «gran» historia política trascendental, que nos gusta escribir con mayúscula porque tratamos la lucha obrera como una etapa importante en la recuperación de la libertad social y nacional. A fin de cuentas, no cabe duda de que los Acontecimientos de diciembre de 1970, porque así fueron nombrados los eventos ocurridos durante varios días de diciembre en 1970, pertenecen a la historia de Polonia y a la historia de la libertad de las naciones esclavizadas por el imperio comunista. Esto es Historia para nosotros, los polacos, pero también para los historiadores de esta parte del mundo. En cambio, para los personajes descritos en los poemas, la historia no existe, ni escrita con mayúscula ni con minúscula. Los poemas de Jan Polkowski aniquilan la historia en favor de una existencia única. En

---

6 *** *Me miro las uñas* [¿*Madre*? (¿*1929-?*)].

17

estos poemas tampoco hay pasado, ni siquiera existe el tiempo pasado. Existe el día presente y el tiempo presente inconcluso, o más bien infinito en su dolor. En definitiva, la muerte no tiene dimensión individual y atañe a los más allegados, a los que sobrevivieron.

Como sabemos, ni una vez ni dos, sino siempre, desde los albores de la historia, la poesía ha evocado los grandes acontecimientos históricos. Incluso surgió un género literario especial –la epopeya– para representar los acontecimientos importantes de los pueblos y las naciones y para evocar a los héroes legendarios o históricos. Además, traer la historia a la memoria condujo al surgimiento de un género literario independiente –la épica–, que constituyó una tríada tradicional junto con la lírica y el drama. Fue la epopeya –bien en verso o en prosa– la que adquirió el derecho de ocuparse de los acontecimientos dramáticos de la vida de las naciones, mientras los héroes esperaban por la inmortalidad y un renombre para las venideras generaciones. Así, Homero (1996: 103) comenzó su canción con las palabras:

> La cólera canta, oh diosa, del Pelida Aquiles,
> maldita, que causó a los aqueos incontables dolores,
> precipitó al Hades muchas valientes vidas
> de héroes y a ellos mismos los hizo presa para los perros
> y para todas las aves –y así se cumplía el plan de Zeus–.

La epopeya evoca a los vencedores de la sangrienta matanza que es la historia. El tono solemne del relato es la forma establecida de referencia, y la inmortalidad del nombre del héroe el objetivo de la epopeya. Con este telón de fondo histórico y literario, *Voces* es una protesta silenciosa, pero firme. El poeta no alaba a los vencedores. A decir verdad, tampoco elogia a los heroicos vencedores según la regla de *gloria victis*, que ennoblece a los perdedores que luchan heroicamente contra la adversidad. Esta vez la poesía no se ocupa de la inmortalidad de los héroes, sino de la gente más corriente, quebrantada por el dolor. No presenta el estruendo de un golpe de muerte, sino la vida individual y atormentada. No crea imágenes violentas de acciones excepcionales, sino relata la penosa lucha contra el horror aterrador e interminable de la banal vida cotidiana. Los héroes no son excepcionales sino mediocres, incluso privados de sus nombres para que la historia no los recuerde. La historia no quiere recordarlos, y los antihéroes no habitarán en la historia, porque la han rechazado y se encierran en su existencia única, limitada a la familia más allegada. Su mundo es el de los seres queridos, el de los perdidos. Son los ausentes los que gobiernan su vida cotidiana, no los políticos-criminales. El poeta diferencia el drama de ellos según su relación con el asesinado, de ahí que el poema sea una declaración de la esposa, de la madre, de la hermana...

3. La aniquilación del futuro

Cuando los vivos hablan, notamos que el tiempo desaparece. Para ser más precisos, el tiempo esencial ha desaparecido porque el tiempo del calendario –por supuesto– no se ha detenido y solo se ha transformado en una eternidad insignificante. En ese tiempo petrificado (algo parecido al tiempo circular y reiterativo que nos resulta familiar en la historia de la religión) la repetición de los gestos es a la vez necesaria (en el sentido de ser compulsiva, quizás maníaca) e inválida, porque carece de sentido esencial:

> Me miro las uñas, están pintadas de manera desigual.
> Me las pinto cada día, las despinto y vuelvo a pintarlas.
> Pinto, despinto, pinto.
> La misa de mañana y las uñas hacen que me mantenga de una
> pieza[7].

Todo lo importante que tenía que suceder ya ha sucedido. El resto no tiene sentido y la «Lady Macbeth obrera» se comporta como si su conducta obsesiva justificara el diagnóstico de trastorno obsesivo-compulsivo (hablando en términos médicos).

---

[7] *** *Miro mis uñas* [¿*Madre?* (¿*1929-?*)].

Un poco diferente es con los asesinados, cuyas vidas se han cumplido, pero demasiado pronto. Cuando se trata de los fusilados, el énfasis recae en el fracaso, no en la dramática muerte en sí, porque se trata de una consecuencia, no de un hecho puntual. El asesinado nunca más hará ni logrará nada, y ciertamente nunca experimentará nada. Como escribe Wojciech Ligęza (2017: 370), «una vida interrumpida está asociada a una brecha en toda la existencia, una muerte individual es, después de todo, un privado fin del mundo». Al fin y al cabo, la maldad del asesinato consiste siempre en arrebatarle el futuro a una persona. «Es difícil llegar a contar todas las encarnaciones mágicas», dice el asesinado[8], al enumerar los sueños y juegos de su infancia, que terminaron con un disparo de fusil en dirección a la cola de Trójmiasto[9]. Sabemos que no habrá más encarnaciones y su cuenta está completa. Lo definitivo del asesinato es uno de los temas de las declaraciones de los fusilados, aunque no faltan las reflexiones póstumas sobre lo vivido hasta ahora (aquí se aprecia el parentesco con el género del epitafio, del que se hablará más adelante) e incluso el recuerdo sobre la felicidad experimentada hasta ahora (*** *Con las manos transparentes* [¿*Fusilado? (¿1948-1970?)*]):

Me hacías bocadillos, cortabas la bola del mundo
en rebanadas minuciosamente iguales. En la panera
de lona guardabas las horas de la separación.
En un papel gris ponías caras infantiles.
Me acariciabas la mejilla como si fuera a ir a la guerra,
como si la puerta fuera de fuego y no de contrachapado.
Después entré con cautela en el vestidor de los electricistas
y desenvolví el papel para mirar cuán lenta desaparecías.

---

8 *** *El ceño fruncido. Con una camisa fría, camino a lo largo de la bahía* [¿*Fusilado? (¿1954-1970?)*].

9 N. del T. Se conoce como Trójmiasto a las tres ciudades bálticas Gdańsk, Sopot y Gdynia, unidas entre sí.

Gestos normales sin palabras que endulzan las horas de ausencia: esta es la descripción de la ternura conyugal, que evita el énfasis emocional. Por lo demás, el tomo se compone en su totalidad de palabras calladas, simples, tranquilas, grises y aparentemente transparentes, desprovistas de cualquier adorno. Los propios asesinados no se quejan, solo presentan los hechos. Una categoría aparte es la lírica –también soliloquio– del herido que, paralizado físicamente, se desahoga en la intención de visitar a su viejo padre –«paralizado mentalmente»–, una persona sumisa (en nombre del bienestar de los niños), pero destrozada mentalmente por la tragedia de la discapacidad de su hijo. En cierto sentido, es el padre quien está muerto, o tal vez solo más lisiado que su hijo inválido. Como observa acertadamente Przemyslaw Dakowicz (2017: 221),

> Los vivos se parecen más a los muertos que los que han muerto. Son personas vacías, que miran constantemente hacia atrás, aunque se obstinen en afirmar lo contrario, como la octogenaria madre de uno de los fallecidos.

4. *Voces* y la tradición literaria

El volumen *Voces* es un fenómeno excepcional, no solo en la historia de la literatura polaca, sino también en la universal. Es una voz poética aparte, una voz aislada que no posee equivalente literario, y sin embargo –como todo fenómeno literario– no crece en tierra de nadie. Existen ciertas similitudes literarias, aunque al mismo tiempo subrayan importantes diferencias que rompen los convencionalismos de la tradición establecida.

4.1. La tradición del epigrama

La poesía lírica de Jan Polkowski puede leerse en el contexto de la *Antología Palatina*, adaptada al polaco por Zygmunt Kubiak (1978), destacado traductor y humanista, a quien Jan Polkowski admira y sobre el que ha escrito muchas veces en prosa (Polkowski 2014) y también en discurso vinculado (2017).

Los epigramas griegos antiguos, esculpidos en lápidas, tuvieron autores tan eminentes como Arquíloco, Safo, Simónides o Anacreonte, y –como escribe Kubiak (1978: 10)– era «una poesía peculiar: extremadamente económica, concisa [...], que hablaba con palabras y silencio». Las inscripciones en las lápidas pedían al transeúnte una oración o un momento de meditación; en la época helenística devinieron importante género literario que, a diferencia de la épica, se ocupaba más del destino particular, aislado y a menudo solitario del individuo, y no de la historia de los ciudadanos de las *polis*, como en las epopeyas de Homero.

Una rara afinidad une a las dos colecciones. La brevedad y la relación con la vida cotidiana de los epigramas constituyen la similitud. El carácter lapidario, en el que generalmente son los muertos los que se dirigen al lector, diferencia estas obras, ya que las personas que hablan en *Voces* son generalmente vivas (doce personas), recordando a los muertos (cinco personas). Aquí habla la gente, no las estelas. Son como piedras vivas que recuerdan la muerte de sus seres queridos. Importantes son las «voces» humanas, no los «epitafios» («epitafio» – griego antiguo «epigrama»). Como subraya Zygmunt Kubiak (1978: 112), entre los antiguos epigramas («epitafios» lapidarios) hay, por supuesto, inscripciones colectivas y heroicas, a veces dedicadas a personas importantes, pero también el dolor personal pasa al primer plano, como en *El duelo de la madre de* Andrónico (*Antología Palatina* 1978: 213) «Muerta te fuiste al profundo Aqueronte; el momento no llegó de tu boda, pobre Aristocratea; lágrimas quedan tan sólo a tu madre, que gime por ti continuamente sobre tu tumba echada»[10]. En otra ocasión (*Antología Palatina* 1978: 382), un fallecido –sin nombre– se lamenta: «Aquí yo, infeliz, sufrí muerte violenta por obra de piratas y yazgo sin que nadie me llore»[11]. De modo que tenemos similitud y diferencia. La anonimia de las víctimas y los dolientes es un rasgo característico de los protagonistas de los poemas de Jan Polkowski, mientras que en *Antología Palatina* es solo un accidente. De los dieciocho poemas de *Voces*, solo cinco son declaraciones de los asesinados y cuatro son epigramas, bastante largos para este género[12].

4.2. La tradición del monólogo dramático

La mayoría de las declaraciones puestas en las lápidas se plasmaron en un modelo que varios centenares de años más tarde se denominaría «monólogo dramático»[13]. Se trata de una variedad de pronunciamiento lírico, en el que no habla directamente el poeta, sino el personaje creado por él en el poema (el llamado papel lírico). El eminente poeta

---

[10] AP 7.181.

[11] AP 7.737.

[12] La primera declaración del asesinado *** *El ceño fruncido. Con una camisa fría, camino a lo largo de la bahía [¿Fusilado? (¿1954-1970?)]* supera en longitud los límites de un género caracterizado por la brevedad.

[13] El nombre está relacionado con el manierismo de Browning, empleado con mayor claridad en los volúmenes *Hombres y Mujeres* (1855) y *Dramatis personae* (1864), títulos que hacen referencia a la costumbre de nombrar a los personajes al principio de una obra publicada (en latín significa «personas del drama»). En todos estos volúmenes, las piezas son discursos de alguna persona, se trata, pues, del papel de la lírica. Los monólogos dramáticos de Browning, en los que aparecen personajes de creadores auténticos o imaginarios, constituyen de hecho una cuestión fundamental sobre el papel que desempeñó la experiencia personal de los acontecimientos históricos en el pasado y su lugar en la comprensión de la historia, así como en la comprensión de las tareas del arte (esto se aplica principalmente a los artistas «hablantes» del Renacimiento, por ejemplo *Andrea Del Sarto*).

británico Robert Browning (1812-1889)[14] es considerado el creador del monólogo dramático moderno (1969), cuyos seguidores en el siglo XX fueron, entre otros, Ezra Pound y T. S. Eliot, así como Constantino Cavafis y, en Polonia, Czesław Miłosz y Zbigniew Herbert. El papel de la lírica, cultivado por los mencionados poetas polacos, no tiene tanto antecedente en el propio Browning[15] como en sus continuadores del siglo XX[16]. La forma del monólogo dramático en la poesía polaca fue perfeccionada por Zbigniew Herbert, desde sus primeros poemas, como *La elegía de Fortinbras* y *El regreso del procónsul* (*Estudio de un objeto*, 1961), hasta su ciclo sobre el señor Cogito y sus poemas tardíos, como *Habla Damastes con el apodo de Procusto* (*Informe de la ciudad sitiada*, 1983).

Mientras que en las obras de Herbert nos enfrentamos a personajes literarios, mitológicos o históricos, a veces de épocas lejanas (por ejemplo, emperadores romanos como Calígula o el divino Claudio), los personajes de *Voces* son muy homogéneos y anónimos, o más bien supuestos. Los respectivos poemas no tienen títulos por los que pudiéramos adivinar quién habla, y solo el tipo de «leyendas» o «notas a pie de página» bajo los monólogos, dotados de un signo de interrogación, sugieren que el autor «adivina» quién habla: por ejemplo, la madre, la prometida, el hijo, o alguien más emparentado con la víctima. En cinco casos, la sugerencia apunta a la persona asesinada. El anonimato o la insignificancia de los personajes son la característica

---

[14] La tradición del monólogo dramático es, por supuesto, más antigua y se remonta al Barroco (por ejemplo el eminente metafísico John Donne, *A su señora que se acuesta*).

[15] Véase: Howe (1996), Sinfield (1977), Langbaum (1957). Al escribir sobre el lirismo del papel en las primeras obras de Herbert, Stanisław Barańczak cita a Longbaum, llamando la atención sobre el uso del término «monólogo dramático» por parte de Adam Czerniawski, el poeta polaco en el exilio y traductor de Herbert al inglés (véase Barańczak 1994).

[16] Todo parece indicar que, sobre todo, fue a través de Eliot (de quien Miłosz tradujo durante la ocupación *La tierra estéril* y *El viaje de los tres reyes*) y de Cavafis.

más importante de estos monólogos. No sabemos nada de ellos, salvo su presunta fecha de nacimiento (y eventualmente de su muerte) y su supuesta relación con las víctimas. Estos «datos biográficos» profundizan su alejamiento de la Historia escrita con mayúscula. Su tragedia, su dolor y su pérdida no pertenecen en modo alguno a la Historia, sino a una vida estrictamente privada, a experiencias personales. Aunque hay generaciones, no hay experiencia social o nacional. De hecho, si no fuese por el conocimiento que tiene el autor de la historia más reciente y *El epílogo* (sin firma), el lector podría ignorar que se habla de la masacre de diciembre de 1970. Przemysław Dakowicz (2017: 218) señala otro significado de dicho procedimiento:

> Los personajes que hablan en las obras de Jan Polkowski no tienen nombres específicos, como en las obras de Edgar Lee Masters. Todo lo que sabemos sobre ellos está contenido en breves notas debajo de los poemas posteriores. Se trata de un conocimiento residual, en primer lugar, un indicio de la participación directa o indirecta en la tragedia, a la que las autoridades comunistas dieron el término eufemístico de «acontecimientos de diciembre» (así leemos: «fusilado», «herido», «madre», «padre», «novia», «esposa», «hijo», «hermano»); en segundo lugar, las supuestas fechas de nacimiento (eventualmente de muerte). He escrito «indicio» y «supuestas» porque cada información estaba marcada con un signo de interrogación, como para hacernos conscientes de que incluso la más cuidadosa «acción de prestar oídos» a las voces del pasado no da la certeza de su correcta lectura. Jan Polkowski parece convencernos de que participamos solo en un intento de penetrar y comprender «el destino de las personas desvanecidas, cuyas vidas están atrapadas en la vaga frase de una sombra que se esfuma».

El monólogo dramático fue un recurso literario que sirvió para muchos propósitos diferentes. Browning lo utilizó con frecuencia para crear un observador imparcial, liberado de las trampas de la subjetividad romántica. El objetivo era dar voz al protagonista (sobre todo al protagonista histórico) y despertar su simpatía, la sensibilización mutua, y a veces incluso suspender el juicio moral o -por decirlo sin rodeos– la condena, cuando se trata de héroes manchados de asesinato (por ejemplo, *The ring and the book*) o de los que llevan una vida licenciosa de monje mujeriego[17]. Si bien Browning utilizó el monólogo dramático para presentar las razones subjetivas del personaje (y, en cierto modo, para defender sus razones), Herbert importó magistralmente el modelo para desacreditar al héroe que se «traiciona a sí mismo» (*irony of self-betrayal*)[18].

En este contexto, las similitudes y las diferencias son evidentes. La similitud consistiría en despertar la simpatía y usar el modelo para representar la razón de los personajes. Mientras que la diferencia radica en su insignificancia histórica, incluso en su anonimato. Todos los poemas son monólogos dramáticos, lo que significa que funcionan *de facto* como diálogos camuflados sin tener en cuenta el discurso de la otra persona[19]. En esencia, los vivos hablan con el asesinado y se dirigen a él directamente, mientras se informa indirectamente al lector que en cierto modo «escucha a hurtadillas una conversación familiar». Como escribe Wojciech Ligęza (2017: 369):

> Entre los mundos persiste un intercambio de palabras y recuerdos. Los asesinados parecen traer a los vivos, en los cuerpos de los vivos mueren reiteradamente los muertos. El «jueves negro» del 17 de diciembre de 1970 se repite durante años los jueves habituales, y el sangriento episodio trasladado al interior humano se transforma en un largo proceso de remembranza y evocación de las pérdidas.

---

[17] Esto atañe especialmente a los artistas del Renacimiento, por ejemplo, *Fra Lippo Lippi* (Browning 1969: 40-52).

[18] Este término, originario de D. C. Muecke (1969: 92), fue popularizado en la herbertología por Stanisław Barańczak (1994: 159). Las diversas aplicaciones de la ironía herbertiana fueron señaladas por primera vez por Jan Błoński (1970) y luego por muchos otros autores.

[19] La entrada del diccionario llama la atención sobre este tratamiento, véase: Michał Głowiński (2002).

4.3. La tradición de *Spoon River*

Przemysław Dakowicz (2017: 207-232) llamó la atención por primera vez sobre la relación entre *Voces* y la Antología *Spoon River* (Edgar Lee Masters, 1981), y al mismo tiempo señaló las diferencias fundamentales entre ambas.

La primera diferenciación se refiere a los personajes líricos. Mientras que en la obra de Masters los muertos hablan básicamente desde la perspectiva de sus vidas (es la tradición del epigrama y en similitud con *Antología Palatina*), en el tomo de Jan Polkowski la voz pertenece ante todo a los vivos. Incluso los asesinados no tratan tanto de resumir su vida (como en los epigramas) como de ocuparse de una vida no realizada, de una biografía inacabada, lo que se debe en parte al hecho de que se trata de personas jóvenes asesinadas. Ya se ha mencionado el anonimato de las víctimas (tanto de los vivos como de los muertos, pues no cabe duda de que aquí los vivos también son víctimas).

Los personajes de la antología de Masters son muy concretos. No solo tienen nombres (después de todo son ficticios, pero esto no es tan importante), sino que a menudo están emparentados o sus vidas se entrelazan en la comunidad de un pequeño pueblo, donde todos se conocen. Representan la riqueza de las interacciones de la pequeña comunidad y cuentan la complicada historia de ésta en el espacio de varias décadas. ¿Qué no hay aquí? Por medio de la habladuría de los muertos nos enteramos de todo el universo provinciano: la fábrica de conservas, la quiebra del banco local, la guerra civil y la prohibición, las infidelidades matrimoniales (las abiertas y las encubiertas), los divorcios, la felicidad familiar y los amoríos fallidos, los pequeños engaños y las grandes estafas de los poderosos, los acuerdos de trastienda y las mentiras evidentes. Hablan los jueces y los malhechores, los asesinos y los asesinados, los agraviados y los victimarios, los blasfemos y los pastores. Al igual que en *Antología Palatina*, que fue el modelo para la *Antología Spoon River*[20], aprendemos

---

[20] En la *Antología Spoon River* encontramos muchas alusiones a la Antigüedad, a menudo directas (Masters 1981: 62, 93, 171).

sobre la codicia humana, la envidia, la aversión, la crueldad, la estupidez y, más raramente, sobre la nobleza, la sabiduría y el amor realizado y el no realizado. En realidad, solo hay una cosa que une a todos los personajes: la vida insatisfecha, la vida fracasada, aun cuando se habla de los llamados «éxitos de la vida».

Los héroes de *Voces* son más homogéneos en este sentido, aunque también son en cierto modo «representativos» para su comunidad. Sin embargo, la diferencia es evidente. En primer lugar, no se trata de banales problemas pueblerinos, sino de grandes tragedias familiares, de desgracias imprevistas que se abatieron sobre los protagonistas de forma inesperada e independiente de su buena o mala voluntad, o de sus actos nobles o despreciables. En segundo lugar, la diferenciación se refiere únicamente a las relaciones domésticas y la paleta de experiencias se cierra esencialmente en el marco familiar. Wojciech Ligęza (2017: 369) señala otra diferencia:

> En cierta medida, *Voces* es el equivalente de la costa Báltica de la *Antología Spoon River*, en el sentido de que los muertos se autopresentan, hablan de cosas pequeñas y cotidianas, esbozan fragmentos de sus biografías, desde el más allá evalúan sus esperanzas y sueños, pero la polifonía de los muertos de Masters se refiere a las vidas corrientes, libres del paroxismo de la historia. La muerte súbita por las balas del Ejército Popular, en cambio, es otra cosa: una interrupción, una repentina artimaña, un golpe traicionero.

En cierto sentido, las personas del drama también son más unidimensionales, es decir, comparten el mismo tipo de desgracia, aunque experimentada de forma individual, según la edad, el género y la relación con el asesinado. Por último, la diferencia tiene que ver con la actitud ante la muerte. Wojciech Kudyba (2017: 205) escribe al respecto lo siguiente:

> A las diferencias fundamentales señaladas por el crítico, yo añadiría el hecho de que la imagen de la muerte en el tomo Los muertos de *Spoon River* es unidimensional. Sus protagonistas contemplan la muerte desde

la perspectiva del difunto, al tiempo que en la obra de Jan Polkowski nos encontramos con un enfoque mucho más amplio, con una audaz presentación expresiva de variadas perspectivas de cómo ver la muerte y, por lo tanto, con una significativa ampliación de los horizontes cognitivos.

Y continúa (2017: 206):

> Por consiguiente, cada uno de los personajes de Voces nos habla de su dolor. Cada uno de ellos de forma un poco diferente, según su experiencia vital, su mentalidad, su temperamento, su sexo y su carácter. De esta manera, aprendemos sobre las diferentes formas de experimentar un trauma. El volumen de Jan Polkowski es un peculiar estudio poético sobre la experiencia del sufrimiento.

La analogía con el volumen de Masters también plantea la cuestión del estatus antológico de los personajes en los volúmenes comparados. No se trata de que los personajes sean inventados, porque eso es evidente e indiscutible. Se trata más bien del delicado problema de la creación de la ilusión literaria y del llamado «realismo». En *Spoon River*, los personajes creados de forma «realista» deben crear la ilusión de la realidad sociológica del mundo presentado, inventados de forma que se ajusten al concepto que el lector tiene de la provincia y de sus problemas pequeñoburgueses. En este sentido, los personajes son «característicos» y «verosímiles» porque se ajustan a las opiniones, hábitos y experiencia del lector (de hecho, se trata de la comprensión ingenua y habitual del «realismo»). El realismo de los poemas de Jan Polkowski es de otra naturaleza, principalmente psicológica, y el estatus ontológico de sus personajes se ha definido de forma diferente. Wojciech Kudyba (2017: 203-204) escribe explícitamente sobre este tema:

> El carácter general de la información sobre los protagonistas en las respectivas obras y los signos de interrogación que acompañan a esta información son, por lo tanto, leídos por el crítico en el plano epistemológico como síntomas de la dificultad en la búsqueda de la verdad, como señales de la incapacidad de captarla plenamente y de la incertidumbre

sobre la interpretación adecuada de los hechos. Es difícil no estar de acuerdo con esto. El autor del volumen pone un gran empeño en despojar a sus personajes de cualidades esquemáticas, los rodea de un aura de misterio, no nos deja olvidar que solo sabemos lo que nos han contado, y no podemos estar seguros de haberlos entendido bien. Constantemente da a entender que solo llegamos a conocer a los demás de forma aproximada y por aproximación, de modo que podremos acercarnos a ellos, pero nunca llegaremos a conocerlos a plenitud.

Sin embargo, parece que el esquematismo de los datos mencionados puede tener otra función. El plano cognitivo no es el único del volumen que enfrenta al lector a problemas difíciles de desentrañar. [...]

No menos problemática parece ser la cuestión sobre el estatus óntico de los personajes presentados en el libro, es decir, sobre sus relaciones con los participantes que en realidad viven (o los muertos, igualmente reales) de los pasados acontecimientos. Es obvio que *Voces* está lleno de personajes ficticios, creados por el escritor. Sin embargo, para quienes recuerdan la tragedia de Gdańsk, para quienes conocieron a los asesinados o tienen contacto con sus familiares, es igualmente evidente que los poemas del poeta tratan de captar las experiencias de personas reales, no ficticias. Pues bien, la falta de información personal sobre los protagonistas puede, en mi opinión, servir también, o incluso principalmente, para enfatizar esta peculiar ambigüedad. El poeta parece decir: «No soy un reportero, mis poemas no son fragmentos de entrevistas. Sin embargo, esto no significa que la realidad ficticia que he creado no tenga ninguna conexión con el mundo real». Dicho de otra manera: aunque el volumen está poblado de personajes de ficción, cada uno de ellos dice cierta parte de la verdad sobre la realidad auténtica. En el libro, la ficción literaria se convierte en una especie de alusión al mundo real.

Al tratar de describir con mayor precisión el estatus óntico de los personajes del libro, podríamos decir que son representantes de personas reales existentes. La noción de representación significaría entonces no solo la relación de la ficción literaria con la verdad histórica, sino también el proceso de generalización literaria. El poeta se esfuerza en crear un personaje que constituye cierto tipo sociológico, que se remite a muchas personas reales. Precisamente por eso, al presentarlo, habla sólo de su papel social –la madre, el padre o el hermano– y de su filiación generacional, determinada por sus fechas de nacimiento y eventual muerte. Resulta característico que toda esta información esté provista de signos de interrogación, como para recordarnos adicionalmente que el proceso de elección de lo que consideramos representativo es hasta cierto punto subjetivo y, en el caso del escritor, está relacionado con el empeño por hacer de la ficción una herramienta para contar la verdad.

Masters no oculta el hecho de que todos los personajes de su libro son totalmente ficticios, es decir, inventados y convencionales. Jan Polkowski trata de sugerir con delicadeza que, aunque sus personajes pertenecen a la ficción literaria, representan la verdad histórica, sociológica y psicológica, y que dar voz a personajes construidos de esta manera es una cuestión de hacer justicia a personas reales afectadas por un sufrimiento real. Luego, el volumen poético no es un juego ni un concepto literario. El poeta incluyó una breve aclaración de sus intenciones al final del volumen:

> Las personas asesinadas en el diciembre de 1970 tienen sus nombres, sus monumentos (aunque no estamos seguros de si lo sabemos sobre todas las personas asesinadas), existen en la memoria que se transmite en el círculo familiar. Viven también como símbolo de la resistencia en contra de un gobierno inhumano en la segunda mitad del siglo XX o como una de las huellas de su actividad criminal. Últimamente algunos recobraron vida en la película *Jueves negro*. Me pregunto si no podemos acercarnos a ellos y a las personas que amaron. ¿Podemos encarnarnos por un momento eterno en sus vidas perdurables y resucitadas, viajeras y borradas, irreconocibles y eternas, reducidas a cenizas y no nacidas?

El contexto histórico del volumen es un acontecimiento histórico concreto: la brutal intervención del ejército y la policía comunista durante las protestas de los trabajadores de la Costa Báltica. Centenares de personas fueron asesinadas a sangre fría[21], los muertos fueron enterrados en secreto, a menudo de noche y en tumbas sin nombre, y el recuerdo del crimen fue borrado.

> Me llevaron al cementerio, querían enterrar el cuerpo.
> Desde entonces cada noche dura el mismo rito. Parece
> como si lo hubieran cosido de trozos ajenos. Cerraron
> rápido la tapa. El viento trajo desde el mar
> la lluvia y se amarró en una red de fresnos oscurecidos.
> Se oía como las gotas golpeaban en las palas
> y como las palas aporreaban en las piedras rechinando.
> Alguien bajo el cuerpo de la Samaritana se apartó del pozo.
> Yo me quedé allí. Como el agua. Muda como un cántaro
> vacío[22].

Diez años más tarde, otro levantamiento obrero, esta vez victorioso, dio lugar a la erección de monumentos en varias ciudades costeras polacas, y el más famoso se irguió en la Plaza de la Solidaridad en Gdańsk, cerca de la puerta n.º 2 de los Astilleros de Gdańsk (antiguos Astilleros Lenin). Cuarenta años después de la masacre, el poeta erigió su propio monumento a los trabajadores de los astilleros y sus familiares, y la tradición literaria sugiere que es «más duradero que el bronce» (Jan Polkowski 2012).

*

Voces pertenece a las mejores obras poéticas escritas en polaco, y su poder literario se deriva no tanto de la fuerte vivencia de la historia nacional como de la poderosa solidaridad con los familiares de los asesinados. Este último hecho es sumamente importante porque trasciende las fronteras de Polonia y el año 1970, que no es una fecha significativa

---

[21] Las autoridades confirmaron solo la muerte de 41 personas.

[22] *** *Me llevaron al cementerio* [¿Esposa? (¿1950-?)]).

para miles de millones de personas en nuestro planeta. No hay razón para que alguien en Asia, Sudamérica o incluso Europa conozca y reviva una masacre en una ciudad desconocida junto a un mar frío. Pero hay gobiernos criminales en todas partes, después de todo, la experiencia del mal es común, al igual que lo es el duelo por los muertos. El dolor de la pérdida es nuestra propiedad común a lo largo y ancho de la geografía. Todos comprenden el sufrimiento desnudo, despojado de detalles históricos y locales. Que la experiencia de echar de menos a los seres queridos, resucitada en palabras por el poder del talento, traiga la catarsis mediante aquel consuelo estético de la alta poesía. Después de todo, esa fue la intención del autor.

VOCES

***

Un chubasco. Llevo una camisa fría, voy por la bahía.
¿Quién fui? Un granito de arena bajo una pagaza
un capitán de fragata con una gorra del tío Władek
el corazón de las rápidas golondrinas de papel cuadriculado
un especialista en el juego de la navaja y en la Carrera de la Paz
para mi pobre madre un incordio insufrible
porque quería jugar a pelota y no ser monaguillo.
Es difícil llegar a contar todas las encarnaciones mágicas.
Al dormirme notaba que en las sienes giraba la almohada
de la Tierra y en la cabeza las silenciosas estrellas cortaban
el cosmos. La vida. Dieciséis enormes años.
Pasaron tan ligeros que olvidé respirar
y cuando me calmé llegó el día de la comprensión.

Ese día mi vida duró tan solo una hora.
A las cuatro treinta me desperté en el bloque de pisos.
Y hasta las cinco cuarenta se abrió el destino.
Conocí la vileza humana del deseo
y el misterio de la sabia y pura libertad.
Terminé con una riña mi tormentosa amistad con Żeromski.
Ante mis compañeros escondía cómo sonaba en mí
la maldición de la frase de Norwid *Por qué te vas, sombra...*
De Leonardo copié el esquema de las alas ligeras.
No hui muy lejos. Me convertí en un esclavo
de paseos sonámbulos con Dorota la hija del soldador

del Astillero de la Marina de Guerra y de la Afrodita de los
    Fríos Mares
aprisionada en un vestido informe de crepé de seda.
Sí, fui padre, pero en realidad no sé si un buen padre.
No recuerdo a mis hijos o tengo miedo de recordar
sus insolentes piececitos de lino y sus palabras como la piel del
    mundo.
He aprendido la vejez. Dios apareció y desapareció.
De las altas palabras bajó Jesucristo para que yo dudara
y lo tocase. ¿Viajes? A Cracovia y en bicicleta más allá
de la ciudad por una infranqueable espesura de dulces promesas
de agosto. Esta vez viví atento frenando las vueltas de la Tierra
para notar cómo se enfriaban al atardecer las sendas arenosas del
    tiempo.

El proyectil se adentró largo tiempo por el pelo cano y el
    estruendo
de los raíles a través de las heridas aplastadas de la luz mezcladas
con el aceite de un sol enlodado para finalmente atravesarme
el cuello a través de la ventana de un tren de Trójmiasto.

Bueno tendréis que creer que lo viví todo en una hora
puesto que no resucité y sigo teniendo dieciséis años.
Si miento y no me llegó a pasar lo que debería haberme pasado
entonces creedlo: ningún mundo
en realidad
ha llegado a existir.

¿Fusilado? (¿1954-1970?)

***

Te creo, no me guardas rencor. Aparte de ti he tenido
tres más. Adaś, un poco sorprendido de su existencia;
Józio, avispado como nadie hasta ahora en nuestra familia,
y Asia, la prueba silenciosa de la existencia del bien.
Padre se apagó pronto y desde entonces yo, en penumbra, ya
no me recuperé. Trabajar, hacer cola, cocinar, descoser y coser
prendas. De padres a hijos, de los mayores a los más jóvenes.
Pensaba que no iba a dormirme nunca, solo me entumecía
con la plancha, la aguja y el dedal, con la masa para hacer pasta
amasada con un trozo de corazón. Quería morirme
de la vergüenza de vivir. De inflexible amor y de miedo
ante tu sombra proyectada sin orden. Ahora ya llego
a los ochenta, sería hora de que me perdonaras. Fui yo
quien con mi propio cuerpo alimenté esa infinita sucesión
de días desamparados. Y lo sé, cada uno de ellos te volvía a matar,
hijo.

¿Madre? (¿1928-2009?)

***

Con las manos transparentes me hacías bocadillos.
A ciegas clavabas un cuchillo en un mar inmóvil.
Me hacías bocadillos, cortabas la bola del mundo
en rebanadas minuciosamente iguales. En la panera
de lona guardabas las horas de la separación.
En un papel gris ponías caras infantiles.
Me acariciabas la mejilla como si fuera a ir a la guerra,
como si la puerta fuera de fuego y no de contrachapado.
Después entré con cautela en el vestidor de los electricistas
y desenvolví el papel para mirar cuán lenta desaparecías.

¿Fusilado? (¿1948-1970?)

***

Me gusta la iglesia llena, es cuando no veo a nadie.
Me escondo de Dios. No quiero verme a mí.
Me apiado más de Él que de mí mismo.
No tengo miedo de la muerte si me pertenece.
Me gusta ir a oscuras bordeando el languidecido mar
y captar recuerdos del viento,
abrazar sus pies como la arena abraza la tranquila orilla.
Extrañarme de nuevos detalles:
cuando te llevaba dentro de mí con impaciencia, con rabia,
y tú me dabas fuertes puntapiés y me empujabas al futuro.
Tú callado. Igual que hoy.

¿Madre? (¿1931-?)

***

Un breve movimiento del aire tras tu descuidado gesto
va a la deriva en mi cabeza. Avanza el Vístula desbordado,
desemboca en un vivo mar. Solo te veo a ti
y la inmensidad del agua murmurando. ¿Qué iba a ver? Eres
mi hijo, yo he enturbiado el destino toda la vida en las cubiertas
    de los barcos.
Así pues, que más podría ver excepto la ola brillando
que mece el mundo, una escama de pez de la muerte,
un témpano de una orilla desangrada. Ahora mi mar es
la mesa de la cocina y la noche infinita me elimina
de la cubierta como basura. Mi mujer duerme, tú no estás
ni tan siquiera en el pulso de la nieve. Así que navego solitario
hacia las luces difusas de la infancia.
¿Te encontraré por el camino? ¿Nos sentaremos en la arena
aunque sea por un instante? ¿Vamos a rejuvenecer
juntos? ¿Vamos a golpear igual que boyas con el viento
en las olas del perezoso futuro acurrucado en ti
en el fondo del mar?

¿Padre? (¿1924-2003?)

***

Padre querido, te odiaba terriblemente
porque tú no estabas y el resto del mundo estaba.
Seguramente también porque nos acuciaba la miseria.
Nos ayudó nuestro tío, la parroquia, los vecinos.
Cuando crecí recogía botellas, trapos y chatarra.
Comíamos gachas, sémola, patatas,
patatas, patatas. Te odiaba
porque estabas en otro sitio y no te ocupabas de nosotros.
Cuando se enfriaba el odio miraba a mamá
que, cuando no lloraba, lloraba aún más.
Entonces volvía el odio y era más fácil continuar.
Pensaba que habías muerto porque no querías
arrastrar grandes pesos a contracorriente
de las grandes palabras y para librarte de ellas
dejaste que te dispararan en el corazón.
¿O tal vez no fuiste un simple cobarde?
Polonia. No sé cómo hablar de ella.
La vi en los ojos secos de mi hermanita
y en la espalda de mamá estremecida por un cambio
repentino del futuro. En diciembre lo abandoné todo,
imprimí folletos y después me encerraron por un tiempo.
Ahora soy techador,
construyo techos para la gente.
Desde ya hace unos años, aunque con no mucha frecuencia,
voy a verte al cementerio.

¿Hijo? (¿1960-?)

55

***

No te dije que estaba embarazada.
Sois tan iguales, tozudos e impetuosos
y ninguno de los dos vive, ni tú ni tu hijo.
En pensamientos repito las palabras: Padrenuestro,
Avemaría y Concédeles Señor el eterno descanso,
con la esperanza de que vuelvan a ser una oración
y que yo me oville en ella como en el jersey de la abuela Stasia.
Tienes unas manos débiles como huellas de ratón en la nieve
por mucho que seas jefe de brigada y construyas barcos.
Tienes unos pies torpes y chapoteas el Báltico
aunque bebas aún de mí a través del fláccido cordón umbilical.
Tienes unos labios muy finos como si quisieras explicar
a tu hijo lo que ya no pasará.
Tienes unos ojos mate como si quisieras llevarte a tu padre
al cielo de mi barriga.

¿Prometida? (¿1952-?)

***

La sagrada forma, Nochebuena, mamá con un vestido ceniciento
pone, tal como manda la costumbre, un plato
ante una silla vacía. Mira fijamente a través de nosotros
y del tembloroso viento, de la sopa de remolacha, del pescado
y del heno, de las ramas del abeto, de la pared cubierta de hielo
mira la carretera de piedra blanca y a una figura inclinada
que cae bajo el peso de una traición inevitable.

¿Hermano? (1958-?)

***

Libertad. Pensaba en ella cuando una noche cálida
nadaba en el laberinto del mar. Y cuando con mis compañeros
botábamos un barco. O cuando iba por la tarde
en el fulgor de los televisores, solitario como un árbol seco
en medio de los que estaban yaciendo con fiebre.
¿Era libre? Tenía siempre miedo de que alguien
se acercara sigiloso y me golpeara de pronto en la cabeza.
Y al final ocurrió, me dieron un balazo en la espalda.
Tuve tiempo de volverme, vi el verde del casco,
unas rojas pecas infantiles y una mirada sorprendida
que lo abarcaba todo y no tenía
fin.

¿Fusilado? (¿1950-1970?)

***

Me miro las uñas, están pintadas de manera desigual.
Me las pinto cada día, las despinto y vuelvo a pintarlas.
Pinto, despinto, pinto.
La misa de mañana y las uñas hacen que me mantenga de una
pieza. Así que puedo ir al cementerio
a ver a mi hijito.
Mi sobrina me dice *sé que te han matado a tu hijo.*
Se ha terminado y perdura tan solo en tu pobre cabeza.
Lo sé te enoja ese general glorificado como un héroe,
pero que le den.
Pero yo no puedo apagar nada, cerrar, pisotear.
Los espíritus vienen de noche para implorar y burlarse
en un silencio que brilla alrededor de una falsa sombra viscosa.
Siguen llevándose a mi padre en un vagón de mercancías
hacia la afluencia gris de las estepas.
Yo en ese mismo tren cerrado por fuera
vuelvo de casa a Polonia.
Llevo en una bolsa de harina
dos puñados de mi tierra familiar.

¿Madre? (¿1929-?)

***

Consto de olvido desde las uñas hasta los riñones,
desde los pulmones hasta los cabellos no recuerdo quién soy.
Mi sueño no sabe quién fui, mi miedo no sabe qué seré.
Como se suele decir, perdono, no sé más que un verdugo.
Soy lechuza y soy serpiente, aunque las más de las veces
no soy. Respiro tan solo el futuro.
Espero hasta que una ola golpee, limpie la errante arena,
el bien, el mal y las llamas de los juncos inclinados tras la casa.
Hasta que caiga un viento pesado. En el lamento de los pinos,
el musgo del atardecer.

¿Madre? (¿1930-?)

***

No sé qué es ser huérfano. Madre, hermana,
dos hermanos; tenía catorce años
cuando me convertí en padre para mí y mi familia.
El mar golpea en los polos. El sol crece en las fuentes.
Personas hechas de sal empapada corren inmóviles.
El fuego las persigue en los callejones, cierra las calientes bocas.
Estoy ante un agua podrida, en un muelle
sucio. No me dejaré ya derribar
por nadie, nunca.

¿Hijo? (¿1957-?)

***

Me llevaron al cementerio, querían enterrar el cuerpo.
Desde entonces cada noche dura el mismo rito. Parece
como si lo hubieran cosido de trozos ajenos. Cerraron
rápido la tapa. El viento trajo desde el mar
la lluvia y se amarró en una red de fresnos oscurecidos.
Se oía cómo las gotas golpeaban en las palas
y cómo las palas aporreaban en las piedras rechinando.
Alguien bajo el cuerpo de la Samaritana se apartó del pozo.
Yo me quedé allí. Como el agua. Muda como un cántaro
vacío.

¿Esposa? (¿1950-?)

***

¿En quién iba a convertirme? En nadie. ¿Iba pues a sobrevivir?
Una mala absorción y una respiración superficial.
Fui prematuro y además el parto fue terriblemente duro.
Así que pasé a ser la niña de los ojos de mi madre y de la Virgen.
Sobreviví y mi debilidad se convirtió en un deseo
de rebelión en contra de los duros golpes del destino.
Mi sangre se bebió el blanco de la bandera
que llevaban por la calle Świętojanska.
Deseaba que fuera un viento rojo
para cicatrizar las heridas.
Deseaba que golpeara con una fuerza incurable
en aquellos que tenían que vivir para salvar la vida.
Deseaba que grabara para siempre las palabras
de los que sobrevivieron a la muerte
como una llamada antes del alba y como la fría desnudez de la luz
en una grúa delgada de acero y una corta ola herrumbrosa
como la felicidad sumergida hasta los topes
en el tiempo en el que se llegó a cumplir.

¿Fusilado? (¿1952-1970?)

***

Ni tan siquiera sé realmente por qué
ya no soy capaz de doblar la cerviz.
No solo porque tres operaciones
lo impidan por completo, seguro.
Tampoco porque mi padre me la bajara
por cualquier motivo para protegernos, seguro.
Bueno, yo soy un lisiado, a él lo destrozaron casualmente.
Madre no aguantó más, no quería seguir con él.
Ahora él busca tercamente algún momento o palabra
para poder sujetar allí otro día
de su vida. Ya es un viejecito.
Creo que el sábado iré a hacerle una visita
breve.

¿Herido? (¿1953-?)

***

El sol todavía no se ha levantado, yace en la arena húmeda.
En el puerto de unas sábanas cavadas yazgo y pienso en mi hijo.

Aún está todo oscuro entre mis piernas,
pero pronto voy a dar a luz. Alumbrar hasta el final de mis días.

Encima y debajo de mí crece la oscuridad silenciosa
como en mí las raíces del amor.

Lo pariré, lo pariré, lo coseré con una blasfemia hacia ti
y entonces se me tragará el alba.

¿Esposa? (¿1950-?)

***

Viviendo en ti a veces pienso si entendiste
la fragilidad de la vida el hálito de la huida en el movimiento de
    los planetas
y tenemos la ternura hacia las palabras
con las que aún seguía limpiando las heridas.

Sé que aún no captaste
cómo la vida se repele a sí misma cómo extrañamente
se apaga un elemento claro sin palabras tarareado
para olvidar.

Hijo no podías llegar a saber sobre la guerra el tiempo
sobre la risa de las cosas envueltas en un ala
sobre el temor de los ruegos de dos corazones escondidos
en tu sueño.

Tenías que saber que el mundo estalla bajo el inalcanzable
brazo del mal y que hay que virar en el salmo de un abismo
como el corazón vira en el golpe
de un destino ausente.

¿Padre? (¿1927-2003?)

***

Somnolencia, somnolencia, somnolencia, olas de pasos
   apagándose
de ángeles que van desnudos con sus cascos blancos hacia los
   tanques.
Vaya, muchos desean ver la muerte y felizmente volver.
Vivir y saber. Entender lo que se pueda sobre el morir.
Saber ser inmortal en el cuerpo del tiempo aéreo.

Somnolencia, somnolencia, somnolencia y una nota de una red
   vacía
sin peces ni promesas de felicidad.
Alguien me llama por mi nombre desde un tren tambaleándose.
Quiero levantarme, responder. Quiero correr
con las cálidas manos, rodear la forma alada
de la tierra divina.

No sueño, no me gusta soñar.
Me eleva una amarga somnolencia y a través de su dura catarata
veo claramente los detalles esculpidos en el aire plateado:
los lomos de la hierba movidas por un ligero filo como el agua,
una piedra en forma de África con los ríos de cuarzo blanco,
y un escarabajo que trepa la torre de Santa María.
Ya está a mitad de camino y lentamente avanza más alto
hacia la mullida barca de aire
en la que hoy termina para siempre
mañana o más allá.

¿Fusilado? (¿1950-1970?)

¿Debería la poesía ser sensible a los mensajes anónimos que no han sido pronunciados y han sido engullidos por el tumulto de la muerte, por el caos de las mentiras, por la cal del olvido? ¿No debería este arte, el más íntimo de todos, prestar su voz y reducir sus propios deseos? ¿Olvidarse de sí mismo aunque fuera solo un momento? ¿Adentrarse en el destino de las personas borradas, cuyos vivos deseos quedaron atascados en una frase confusa de la sombra? Otros que han sido olvidados, ¿pueden reconocernos, a nosotros, eternamente olvidados? ¿Qué dicen los muertos de nosotros? ¿Nos recordaron? ¿Escuchamos atentamente nosotros a los que ya no recordamos?

Las personas asesinadas en diciembre de 1970 tienen sus nombres, sus monumentos (aunque no estamos seguros de saber acerca de todas las personas asesinadas), existen en la memoria que se transmite en el círculo familiar. Viven también como símbolo de la resistencia en contra de un gobierno inhumano en la segunda mitad del siglo XX o como una de las huellas de su actividad criminal. Últimamente algunos recobraron vida en la película *Jueves negro*. Me pregunto si no podemos acercarnos a ellos y a las personas que amaron. ¿Podemos encarnarnos por un momento eterno en sus vidas perdurables y resucitadas, viajeras y borradas, irreconocibles y eternas, reducidas a cenizas y no nacidas?

BIBLIOGRAFÍA

Antología palatina (Epigramas helenísticos) (1978). Madrid: Gredos.

Barańczak, Stanisław (1994): *Uciekinier z Utopii. O poezji Zbigniewa Herberta / Fugitivo de la utopía. Sobre la poesía de Zbigniew Herbert*. Wroclaw: Wydawnictwo Naukowe PWN.

Błoński, Jan (1970): «Tradycja, ironia i głębsze znaczenie» / «Tradición, ironía y significado más profundo». Czytelnia, nowynapis.eu, 2019.

Browning, Robert (1969): *Poezje wybrane / Poesías escogidas*. Varsovia: Państwowy Instytut Wydawniczy.

Dakowicz, Przemysław (2017): «Na marginesie *Głosów* Jana Polkowskiego (kartki wydarte z notatnika)» / «Al margen de *Voces* de Jan Polkowski (páginas arrancadas de un cuaderno») en Józef Maria Ruszar, Izabela Piskorska-Dobrzeniecka (eds.), *W mojej epoce już wymieram... (1979-2017) / En mi época ya me estoy muriendo... (1979-2017)*. Cracovia: Instytut Myśli Józefa Tischnera JMR Trans-Atlantyk, 207-232.

Głowiński, Michał (2002): «Monolog dramatyczny» / «Monólogo dramático» en Michał Głowiński *et al.* (ed.), *Słownik terminów literackich / Diccionario de términos literarios*. Breslavia: Ossolineum.

Homero (1996): *Ilíada*. Madrid: Editorial Gredos.

Howe, Elisabeth A. (1996): *The Dramatic Monologue*. Nueva York: Twayne.

Kubiak, Zygmunt (1978): *Antologia Palatyńska / Antología Palatina*. Varsovia: Państwowy Instytut Wydawniczy.

Kudyba, Wojciech (2017): «O *Głosach* Jana Polkowskiego» / «Acerca de *Voces* de Jan Polkowski») en Józef Maria Ruszar, Izabela Piskorska-Dobrzeniecka (eds.), *W mojej epoce już wymieram... (1979-2017) / En mi época ya me estoy muriendo... (1979-2017)*. Cracovia: Instytut Myśli Józefa Tischnera JMR Trans-Atlantyk, 199-206.

Langbaum, Robert (1957): *The Poetry of Experience: The Dramatic Monologue in Literary Tradition*. Londres: Chatto & Windus.

Ligęza, Wojciech (2017): «Osobny. Spojrzenia na całość» / «Una mirada al conjunto» en Józef Maria Ruszar, Izabela Piskorska-Dobrzeniecka (eds.), *W mojej epoce już wymieram... (1979-2017)* / *En mi época ya me estoy muriendo... (1979-2017)*. Cracovia: Instytut Myśli Józefa Tischnera JMR Trans-Atlantyk, 353-375.

Masters, Edgar Lee (1981): *Antologia Spoon River*. Varsovia: Państwowy Instytut Wydawniczy.

Muecke, Douglas Colin (1969): *The Compass of Irony*. Londres: Methuen.

Polkowski, Jan (2014): «Europa to bezdomność» / «Europa es un lugar sin techo» en Jan Polkowski, *Polska moja miłość* / *Polonia mi amor*. Varsovia: Pro Patria, 233-240.

Sinfield, Alan (1977): *Dramatic Monologue*. Londres: Methuen.

Tischner, Józef (1981): *Etyka Solidarności* / *Ética de Solidaridad*. Cracovia: Znak.

PUBLICACIONES DE JAN POLKOWSKI

(1980): *To nie jest poezja / Esto no es poesía*. Varsovia: Niezależna Oficyna Wydawnicza NOWA.

(1981): *Oddychaj głęboko / Respira profundamente*. Cracovia: ABC.

(1983): *Ogień. Z notatek 1982-1983 / Fuego. Mis notas: 1982-1983*. Cracovia: Półka Poetów.

(1987): *Drzewa. Wiersze 1983-1987 / Árboles. Poemas 1983-1987*. Cracovia: Oficyna Literacka.

(2008): *Elegie z Tymowskich Gór, 1988-1989 / Elegías de las montañas de Tymowa, 1988-1989*. Cracovia: Wydawnictwo Literackie.

(2009): *Cantus*. Cracovia: Wydawnictwo a5.

(2010): *Cień / Sombra*. Cracovia: Znak.

(2012): *Głosy / Voces*. Sopot: Biblioteka «Toposu».

(2013): *Ślady krwi. Przypadki Henryka Harsynowicza / Rastros de sangre. Los casos de Henryk Harsynowicz*. Cracovia: Wydawnictwo M.

(2014): *Polska moja miłość / Polonia, mi amor*. Varsovia: Wydawnictwo Pro Patria.

(2015): *Gorzka godzina / La hora amarga*. Varsovia: Wydawnictwo Sic!

(2017): *Gdy Bóg się waha. Poezje 1977-2017 / Cuando Dios está dudando. Poesías 1977-2017*. Cracovia: Instytut Myśli Józefa Tischnera JMR Trans-Atlantyk.

(2018): *Pochód duchów / La cabalgata de fantasmas*. Sopot: Biblioteka «Toposu».

(2018): *Rozmowy z Różewiczem / Conversaciones con Różewicz*. Cracovia: PWM.

(2019): *Portier i inne opowiadania / El conserje y otros cuentos.* Sopot-Cracovia: Topos e Instytut Literatury.

(2019): *Ryzyko bycia Polakiem, z Janem Polkowskim rozmawia Piotr Legutko / El riesgo de ser polaco. Piotr Legutko conversa con Jan Polkowski.* Cracovia: Instytut Literatury.

(2020): *Pandemia i inne plagi / La pandemia y otras plagas.* Varsovia-Cracovia: Volumen e Instytut Literatury.

(2021): *Łyżka ojca / La cuchara de mi padre.* Varsovia: Wydawnictwo Sic!

(2021): *Pomieszane języki / Confusión de lenguas.* Sopot: Towarzystwo Przyjaciół Sopotu. Redakcja «Toposu».

(2023): *Ostatnia miłość / El último amor.* Cracovia: Wydawnictwo M.

En español:

(2019): *Cantus.* Madrid: Ediciones Facta e Instytut Literatury.

Esta edición de *Voces*
se terminó de imprimir
el 28 de octubre de 2025
en Sevilla